Außerirdische entführen unsere Kinder
Zeichnungen und Interviews

Herold zu Moschdehner

Außerirdische entführen unsere Kinder
Zeichnungen und Interviews

Bibliografische Information durch

Die Deutsche Bibliothek:

Die Deutsche Bibliothek verzeichnet diese Publikation in der Deutschen Nationalbibliografie; detaillierte bibliografische Daten sind im Internet über http://dnb.ddb.de abrufbar.

ISBN   9783735739391

Copyright (2014)
Herstellung und Verlag: Books on Demand GmbH, Norderstedt
Alle Rechte beim Autor.

10,90 Euro

Herold zu Moschdehner ist anerkannter Kindergärtner, Krippenleiter und Lehrer. Ihm ist schon immer aufgefallen, dass Kinder viel Fantasie haben, aber eben auch, dass in den Fantasien besorgniserregende Muster zu finden sind und das die Geschichten sich sehr häufig gleichen. So war immer wieder von den bösen Männchen die Rede oder Raketen, die sie abholen und „Aua" machen.
Natürlich hat sich Moschdehner ihnen auf adäquate Weise genähert und sie nicht kaputtbefragt. Er ließ sie malen und dieses Buch zeigt eben diese Zeichnungen. Ausgewählt aus ca. 2000 Kinderzeichnungen aus Bobitz. Man beachte die gleichartigen Details. Beigefügt ist ein Interview mit zwei schon älteren Schulkindern, die so stark sind, dass man sie auch dementsprechend befragen konnte.
Moschdehner nannte sie Laura und Loreane. Auch kamen diese Kinder ausgeordneten Elternhäusern und es war nicht davon auszugehen, dass sie Geschichten erfanden um Traumata zu verarbeiten.

Hallo Laura.

Hallo Moschdehner.

Wie geht's Dir?

Mir geht's gut.

Das ist doch schön.

Ja.

Willst Du mir davon erzählen?

Das was Du gefragt hast?

Ja.

Ja, ok.

Bekommst dann auch 20 Euro.

Wirklich?

Ja.

Ok. Also ich schlaf nicht gerne. Dann kommen sie immer.

Diese Monster?

Ja, diese bösen Männer.

Sind es nicht vielleicht auch Frauen?

Kann auch sein. Irgendwie weiß ich das nicht.

Wann kommen die denn?

Immer wenn ich einschlafe.

Wie merkst Du das denn?

Ich wache wieder auf.

Dann wenn sie da sind?

Ja.

Und was dann?

Dann kitzeln sie mich. Aber das ist nicht schön. Ich muss dann nicht lachen, sondern weinen. So ein Gefühl hab ich sonst noch nie gehabt. Und das Schlimme ist, dass ich mich nicht bewegen kann.

Warum nicht?

Keine Ahnung. Ich versuche es immer und es klappt nicht.

Vielleicht ist es nur ein böser Traum!

Nein, das ist es nicht.

Wie kannst Du Dir da sicher sein?

Weil ich sie einmal das Fenster offen gelassen haben und Mama das gesehen hat. Sie hat mir dann aber nicht geglaubt.

Ok, was machen sie denn mit Dir oder haben gemacht?

Sie haben mir die Fingernägel geschnitten und einmal haben sie mich gepiekst. Das tat nicht allzu doll weh, aber war trotzdem blöd. Es ist auch immer der Gleiche, der mich abholt. Die anderen drei wechseln immer.

Und wie sieht er aus?

Große Augen, graue Haut, ganz dünne arme aber große Hände. Und sie konnten durch ihren Kopf in meinen Kopf reden.

Was haben sie denn so gesagt?

Das ich ruhig sein soll und das mir nichts passiert und dass sie mir nichts antun würden.

Und war es so?

Na ja, es tat weh.

Also hat man Dich belogen?

Ja!

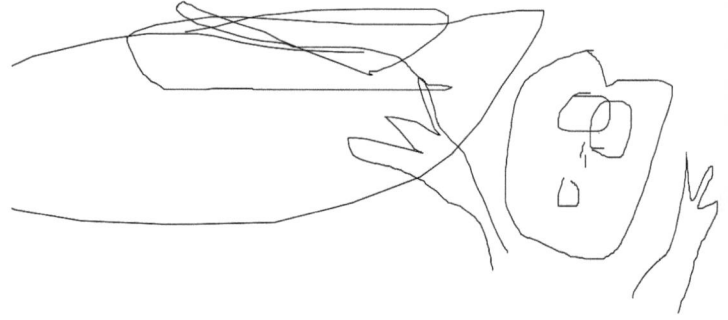

Timo 5 Jahre aus Bobitz hat dieses Bild gemalt und ist sich sicher, dass er abgeholt wurde.

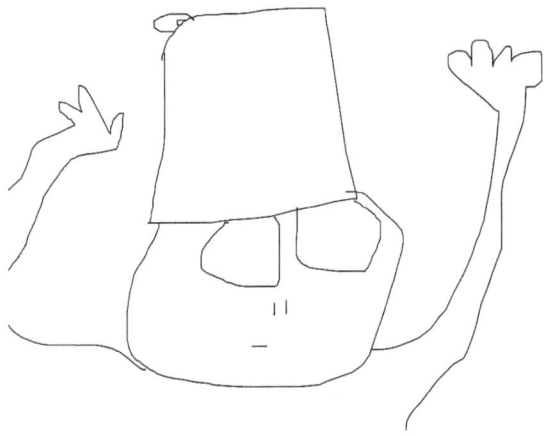

Martina 10, meinte ein komischer großäugiger Mann habe sie überfallen und ihr in den Arm ein „Ding" eingepflanzt.

Karolin aus Kamerun hat ihren Außerirdischen so gezeichnet. Sie ist 4 Jahre alt und stockblind.

Was ich ja beachtlich finde, ist die Tatsache, dass diese Wesen stets keine Pupillen haben. Alle Kinder haben diese TraumRealWesen stets mit leeren Augen gemalt. So als wären es Roboter.

Hallo Loreane.

Hallo Moschi

Wieso das?

Wir nennen Dich alle so.

Wie alle?

Na in unserer Schule. Wir kennen ja Deine Bücher.

Ja?

Ja!

Was denn?

Das mit dem Affen von Nostradamus. Kann der echt Schreibmaschine schreiben?

Ja.

Ja?

Ja!

Krass.

Ja.

Krass.

Und Du hast auch Außerirdische gesehen?

Wieso auch?

Bist ja nicht die Einzige.

Das ja blöd.

Is aber so.

Was sagen denn die anderen so?

Viel, was aber wichtiger ist, was sagst Du?

Wozu?

Zu den Außerirdischen!

Ja, die sind blöd, ne!

Zu Dir?

Zu allen? Hab mich mal mit einem unterhalten und der hat gesagt was der mit uns vorhat. Also mit allen und so. Voll krass.

Krass?

Voll krass!

Was denn genau?

Wir sollen ne Art Batterien werden und es ist heute schon so, dass wir ausgesaugt werden. Wir merken das nur nicht so.

Werde ich gerade ausgesaugt?

Woher soll ich das denn wissen?

Ich dachte, Du siehst das. Manchmal geben die Außerirdischen diese Macht weiter.

Wieso sollten sie?

Weiß ich auch nicht.

Ich denke Du bist Experte?

Bin ich auch, aber nicht immer und nicht für alles.

Hast Du schon einmal einen Außerirdischen gesehen?

Ja.

Und?

Man hat es mich vergessen lassen.

Und warum mich nicht?

Weil es bei Dir nicht wirklich geht. Dein Gehirn ist noch im Aufbau und konfiguriert sich stetig neu. Da kann man keinen Einfluss nehmen.

Ach so.

Ja.

Hab mich schon gewundert, weil ja viele Erwachsene meinen, sie sind entführt worden und voll die schwammigen Auskünfte geben.

Du gibst aber auch nicht viel.

Wir 2000 Euro erzähle ich alles.

Wir?

Wir?

Na, Du hast gerade Wir gesagt,

Ich meine Für.

Ach so. Nein liebe Loreane. Wenn ich Dir dafür Geld gebe dann kann ich davon ausgehen, dass Du übertreibst

Mach ich nicht

Nee?

Nee!

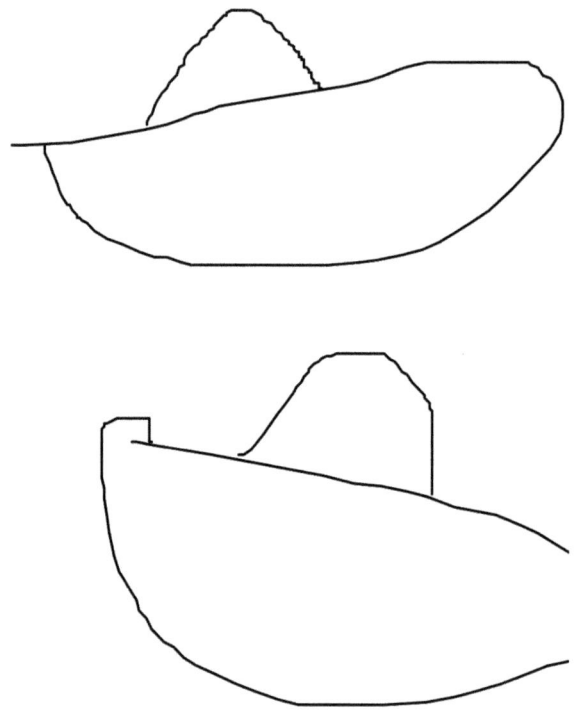

Der kleine Finni hat mit drei Jahren dieses Bild gemalt. Dabei stand er vor dem Fenster und hat das Blatt Papier ans Fenster gedrückt. Er hat noch nie Ähnliches gemalt.

Auch malte er diesen Engel. Er hatte kein anderes Wort dafür.

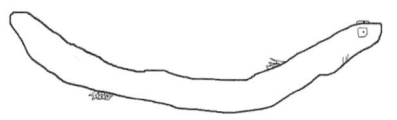

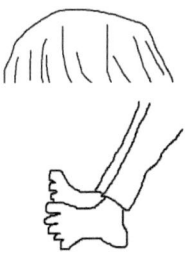

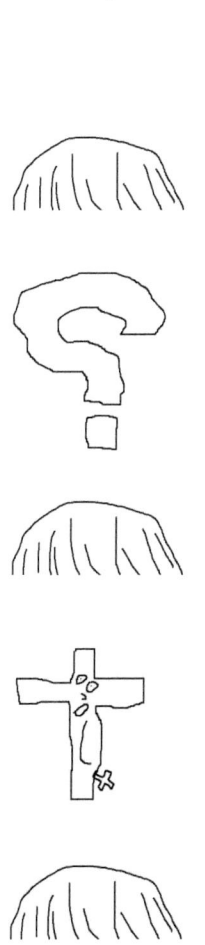